L'ENVOL DE L'AUBE

UN RÉCIT LAKOTA

Un jour, un père et sa fille virent un aigle voler au-dessus d'eux.
Le père fut si heureux de voir cet oiseau magnifique
qu'il changea son itinéraire pour le suivre.

Sa fille lui demanda pourquoi ils suivaient ainsi l'aigle et le père se mit à lui raconter une histoire. « Cette histoire nous est transmise par nos ancêtres depuis de nombreuses années », commença-t-il.

« Il fut un temps où ceux qui vivaient sur cette terre n'agissaient pas bien les uns envers les autres. Une grande tristesse régnait sur les monts et dans les vallées, une tristesse comme une maladie. »

« Malgré tout, certains étaient bons, et de ces quelques bonnes âmes,
l'une se démarquait comme possédant une grande vertu.
Elle avait le cœur le plus pur. »

« Un jour, un déluge arriva pour nettoyer la Terre.

Les cieux s'assombrirent et un tonnerre assourdissant fit écho dans la vallée.

La pluie se mit à tomber comme si elle n'allait jamais s'arrêter. »

« Les bonnes gens se réunirent pour appeler tȟunjkášila, le Grand-Père au-dessus de nous. Ils lui demandèrent de voir et d'entendre ce qu'il y avait de noble dans le peuple de ses terres et de sauver la bonté contenue dans leurs cœurs. »

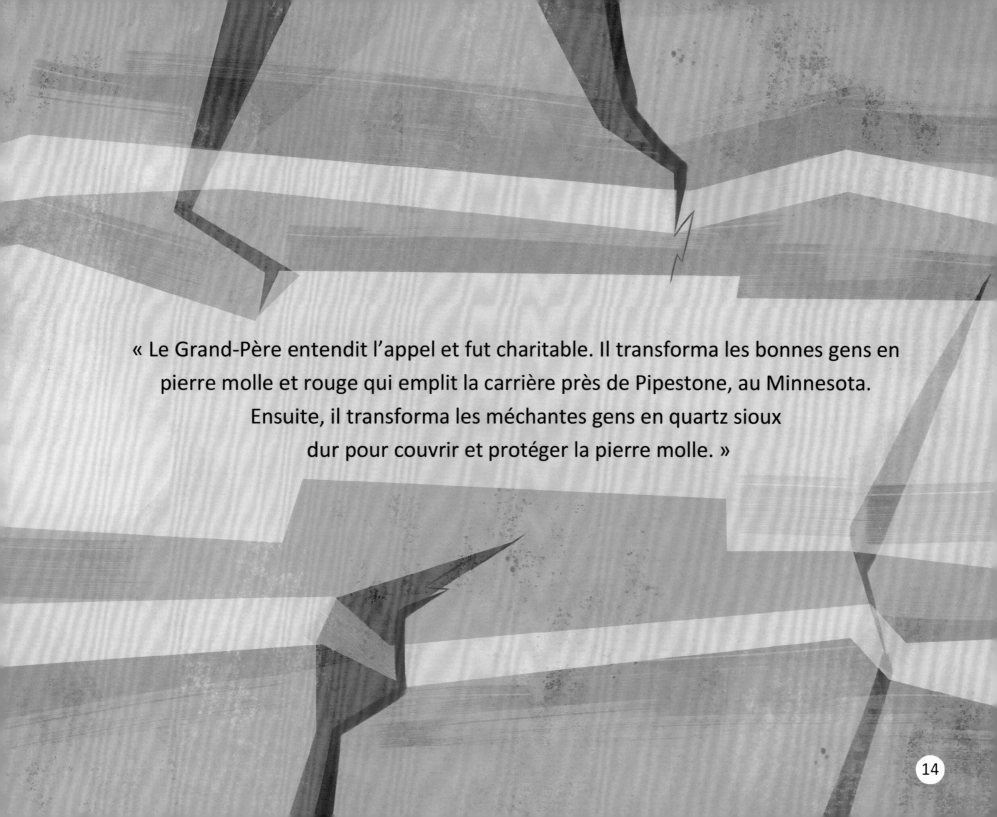

« Le Grand-Père entendit l'appel et fut charitable. Il transforma les bonnes gens en pierre molle et rouge qui emplit la carrière près de Pipestone, au Minnesota. Ensuite, il transforma les méchantes gens en quartz sioux dur pour couvrir et protéger la pierre molle. »

« La femme au cœur bon et vertueux fut la seule survivante de la race humaine. Grand-Père répondit à l'appel des bonnes gens et la sauva du déluge en envoyant un grand aigle doré. »

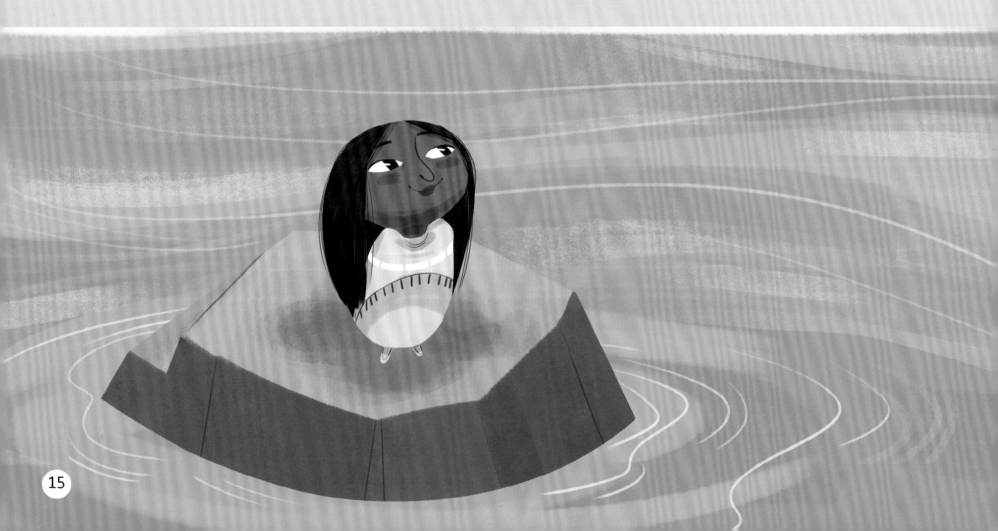

« Du ciel vint le son puissant des ailes déployées et
Wanjbli, le grand aigle, plana vers la femme.
Il la prit entre ses puissantes serres et la transporta avec ses ailes immenses. »

« Ils s'envolèrent vers la seule chose au-dessus de la terre inondée, čhaŋwákȟaŋ, le grand arbre de la Vie. C'était un cadeau du Grand-Père, un arbre superbe, plein d'énergie et de vitalité qui servait de pont entre la Terre et le Royaume des esprits. »

« Au Grand arbre de la vie, la femme sut qu'elle était en sécurité.
Et à l'aube, elle vit l'inondation se retirer lentement.
C'était un nouveau départ. »

« De son perchoir sur l'arbre, l'aigle poussa un cri aigu.
La femme savait qu'il s'adressait à elle et comprenait ce qu'il disait,
comme tu comprends quand je te parle.
L'aigle visita la femme tous les jours et lui apprit à bien vivre. »

« L'oiseau majestueux avait autant de leçons qu'il avait de plumes!
Et de ces plumes la femme comprit la sincérité, la gentillesse, le respect et
le courage. L'aigle expliqua que chacune de ces plumes l'aidait à voler
et que grâce à ces vertus l'humanité pourrait fleurir. »

« La femme engendra une nouvelle race sur la Terre.
Tous les jours, elle préparait un repas pour sa famille et lui transmettait les connaissances de l'aigle. Ceux qui suivent ces leçons se voient transportés au-dessus des problèmes et des ténèbres du monde, comme sur les ailes d'un aigle. »

« Le peuple grandit pour former une seule race qui s'étend des plaines aux montagnes sur la Terre. Ils sont nos ancêtres. Ils ont appris la patience et la gentillesse, et ils ont un amour profond pour leur terre. »

« Chaque fois qu'un membre de notre peuple voit un aigle voler,
ses larges ailes lui rappellent qu'il doit trouver l'équilibre parfait entre le cœur et l'esprit. »

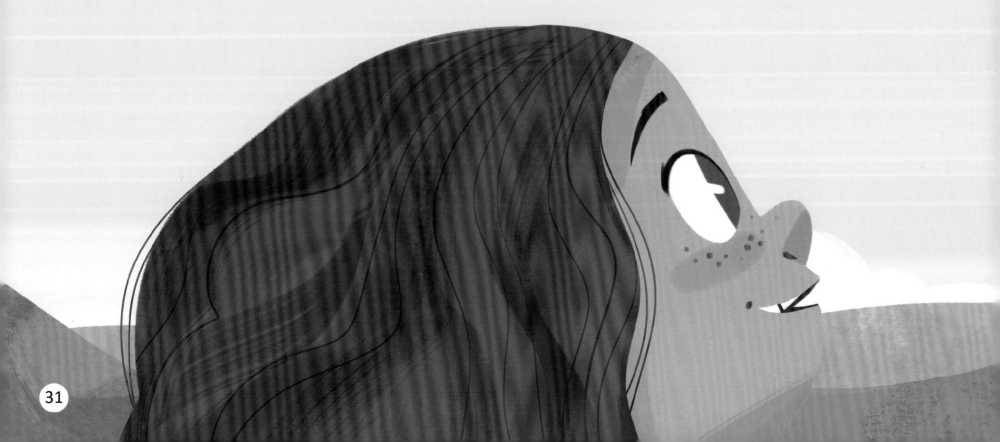

« Aujourd'hui, je reconnais l'esprit de l'aigle en moi et en toi, ma fille »,

dit le père tandis que l'aigle planait au-dessus d'eux.

« Comme l'aigle, nous devons apprendre à toujours voler vers la lumière. »

Tandis que le père finissait son histoire, ils se retrouvèrent tous les deux dans une clairière.
Ils s'arrêtèrent pour admirer la vue quand une plume d'aigle flotta du ciel
et vint se poser aux pieds de la fille.

La fille ramassa la plume et la montra à son père.

« Ma petite, dit-il, l'aigle voulait que tu aies une de ses plumes!

C'est un très bon présage! »

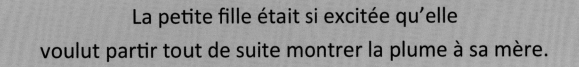

La petite fille était si excitée qu'elle
voulut partir tout de suite montrer la plume à sa mère.

Après avoir montré la plume à sa famille et à ses amis, la fille la plaça dans sa chambre pour pouvoir la regarder tous les jours. Elle promit de reconnaître l'aigle en elle et chez les autres et de toujours s'éloigner des ténèbres et de voler vers la lumière.

Pour amorcer la discussion :

Que pensez-vous pouvoir faire pour ressembler plus à l'aigle?

Avez-vous déjà vu un aigle? Il ressemblait à quoi?

D'après vous, combien de plumes possède un aigle?

Que signifient les mots vertueux et noble?

Connaissez-vous quelqu'un de vertueux et noble?

Avez-vous vu la plume parlante dans le récit?

Qu'est-ce qui arrive quand vous tenez dans vos main une plume parlante?